AF459092

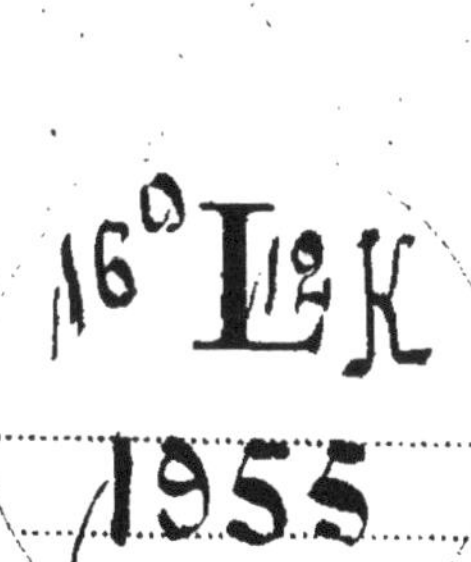
16° Lk12
1955

RÉPONSE
A UNE TROISIÈME MOTION,

Faite à l'Assemblée Provinciale de la Partie du Nord, sur les Finances; & Détails sur cette partie de l'Administration de M. de Marbois.

Par M. WANTE, Chef du Bureau des Finances, & Trésorier des Invalides, au Port-au-Prince.

AU PORT-AU-PRINCE,
DE L'IMPRIMERIE DE MOZARD.

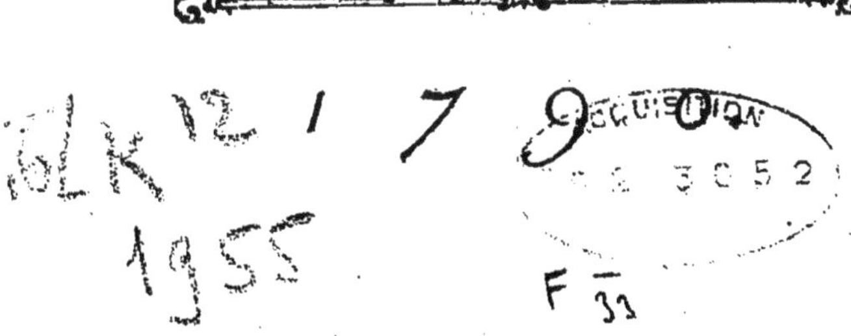

RÉPONSE A UNE TROISIÈME MOTION,

FAITE à l'Assemblée Provinciale de la Partie du Nord, sur les Finances; & Détails sur cette partie de l'Administration de M. de Marbois.

Par M. WANTE, Chef du Bureau des Finances, & Trésorier des Invalides, au Port-au-Prince.

Parturient montes, nascetur ridiculus mus.

DEPUIS deux mois environ, j'ai livré au Public deux brochures tendantes à faire connoître combien étoient mal fondées les imputations faites à M. de Marbois ſur ſon adminiſtration, en ce qui concerne les Finances : ces Écrits ont produit l'effet que j'en attendois ; ils ont été lus avec plaiſir par les gens ſenſés, & n'ont été reçus avec dépit que par ceux qui ſe ſont trouvés gênés par la préſence de la vérité; ce dépit a produit, ainſi que je m'y attendois encore, l'animadverſion des auteurs des motions contre l'auteur des réponſes ; fâchés de n'avoir ni faits, ni preuves, ni raiſons à oppoſer à des calculs arithmétiques, ils ont uſé d'un moyen odieux qui réuſſit quelquefois ; ils ont voulu répandre de la défaveur ſur le défenſeur, en diſant au Public qu'il méritoit peu de confiance, & ils ſe ſont perſuadés qu'ils ſeroient plutôt crus ſur leur parole que moi ſur des faits ; en conſéquence, ils ont concerté leur plan d'attaque ; ils ont ſenti qu'ils ne rentreroient pas avec avantage dans la diſcuſſion des comptes de Finance publiés par M. de Marbois, auſſi long-temps qu'ils ne m'en écarteroient pas ; & pour le faire, ils ont armé une plume célèbre pour me dire, dans une Motion nouvelle qui vient de paroître, imprimée au Cap, concernant les Finances ; pour me dire, dis-je, groſſièrement de groſſes injures. Eh ! Meſſieurs, ne ſavez-vous point que le temps des injures eſt paſſé, & que ſi elles plaiſent quelquefois à ceux dont la malignité ſaiſit avidement les défauts, les ridicules, ou les préſomptions, les menſonges ne font pas long-temps fortune quand on leur oppoſe la vérité. Quoi qu'il en ſoit des projets ou du plan offenſif des adverſaires, je laiſſerai le Public juge entre eux & moi ; quand il aura pris la peine de me lire, il verra qui de nous mérite le plus de confiance ; je me ſuis nommé, & ils ne ſe ſont pas fait connoître ; je leur ai dit des choſes, ils n'ont dit que des mots; je leur ai préſenté des faits, & ils ne m'ont répondu que des injures.

Je l'avouerai ſans peine, il n'étoit ni dans mes principes, ni dans mon caractère, de me mettre en évidence; j'ai agi contre mon inclination, en livrant des écrits, qui par leur nature & leur objet me faiſoient ſortir de la foule, j'ai preſſenti, & j'ai même annoncé l'effet qu'ils produiroient quant à moi; & ſi j'ai pu, avec la certitude d'être attaqué & calomnié perſonnellement, me déterminer à m'établir l'apôtre de la vérité, c'eſt que je n'ai pas craint que la réputation de l'Adminiſtrateur que je défendois pût être ternie par celle de ſon défenſeur.

Je vais rendre les colons juges des baſes ſur leſquelles porte le ſentiment intime de mon propre cœur, & je les ſupplie de lire ſans répugnance des détails peu propres à les intéreſſer, mais dont la connoiſſance importe à mon honneur, c'eſt-à-dire, à ma vie.

Je ſuis né dans une petite ville de la Flandre Françoiſe, d'un père qui y a long-temps tenu la première place de la Magiſtrature, & qui, juſtement conſidéré, quoique dans un état de fortune borné, s'eſt attaché à me procurer une éducation convenable; il me deſtina à courir la carrière du barreau; mon goût m'y portoit aſſez; en conſéquence, en 1773, je fus à Paris prendre mes grades, & en Juillet 1776, je fus préſenté & reçu au ſerment d'Avocat. La fortune de mon père ne lui permettant pas de faire de plus grands ſacrifices, je fus rappelé auprès de lui, & je tardai peu à être employé en ma nouvelle qualité; &, n'en déplaiſe à mes adverſaires, j'y obtins quelques ſuccès. Des circonſtances relatives aux affaires qui m'étoient confiées, me conduiſirent à Arras, & je ſerois probablement reſté attaché au Conseil supérieur de cette ville, si le mariage d'une de mes sœurs ne m'eût rappelé dans ma famille.

Cet événement apporta un changement dans ma destinée; il me fournit l'occasion de faire une connoissance plus particulière avec mon beau-frère (M. Torris); ce Négociant, bien connu par son habileté & ses talens, fut forcé en 1782, de faire, pour le rétablissement de sa santé, un voyage aux eaux de Spa ; il me sollicita de prendre soin de sa maison de commerce, & je m'y portai par affection pour ma sœur & pour lui; son absence dura 3 mois, & j'eus assez de bonheur pour suivre toutes ses affaires avec plus de succès qu'on ne pouvoit en attendre d'un homme dont l'éducation n'avoit pas été dirigée vers cette branche d'industrie, j'ai eu par-dessus tout l'avantage de me concilier l'estime de tous ceux dont je fus connu. Mais on me dira peut-être : quels sont vos garans de pareils faits ? Je vous le dirai plus bas, poursuivez. Mon beau-frère revenu de Spa, rendu à ses affaires, m'invita d'en partager & les fruits & les risques; bien résolu à l'engager à la retraite, & persuadé qu'un capital de plus de 500,000 liv. tournois réalisé en biens-fonds pendant son absence devoit satisfaire son ambition, j'acceptai ses offres, & sans autre engagement que notre parole respective, à peine majeur, je pris la signature sous la raison de J. Torris & Wante. Ce fut au milieu de la guerre que nous arrêtâmes ces dispositions ; mon association produisit un effet bien contraire à mon attente ; mon beau-frère se crut obligé de travailler à ma fortune comme j'avois travaillé à la sienne, & plus actif que je ne le desirois, il détermina plusieurs spéculations très-étendues, & qui, malgré des capitaux considérables ne pouvoient se soutenir qu'à l'aide du crédit immense dont nous jouissions sur toutes les places commerçantes de l'Europe : tout nous annonçoit des succès, lorsque la paix nous surprit ayant effectué sous pavillons neutres des armemens pour les Colonies, pour la Baltique, pour l'Espagne ; elle nous surprit étant chargés d'une manufacture uniquement employée au laminage du cuivre pour le doublage des vaisseaux, & de très-gros approvisionnemens de cuivre, qui par cette circonstance perdoient de leur valeur. Il est facile de le sentir, les succès apparens se changèrent en revers réels, les pertes se succédèrent, & nous fûmes, comme beaucoup d'autres ; enveloppés dans des faillites que la paix occasionna; mon beau-frère résolut alors de faire des armemens pour les États-Unis ; nous changeâmes à grands frais l'emploi de notre manufacture, & nous cachâmes long-temps encore les embarras que des malheurs suivis nous occasionnoient. Nos armemens pour la Nouvelle-Angleterre ayant mal réussi, les retours n'ayant pas eu lieu aux époques espérées & probables, nous fûmes forcés d'obtenir un Arrêt de surséance sur la demande de la majorité de nos créanciers, & sur la présentation d'un actif solide supérieur au passif de plus de 300,000 livres indépendamment d'une somme plus considérable en actifs douteux ; mon beau-frère avoit fait pendant la guerre des armemens en course très-heureux, il restoit réliquataire envers les équipages de ses bâtimens de diverses sommes que nous avions en caisse & en porte-feuille au moment où nous obtenions notre Arrêt de surséance ; mais tandis que d'une part on nous accordoit cette justice, on surprenoit au Ministre de la Marine un ordre d'apposer les scellés chez nous, & de ne les lever qu'après le paiement des équipages ; c'est-à-dire, qu'on vouloit que nous payassions quoiqu'on nous liât les mains ; cette noirceur me conduiroit à des détails longs & étrangers à ce qu'il importe de faire connoître ; mais toujours fut-il vrai qu'elle produisit l'effet qu'en attendoient les auteurs, elle mit le feu dans nos affaires, nous empêcha de jouir de la faveur de la surséance pour y apporter de l'ordre, & devint le signal d'un entier désastre. J'eus la douleur d'être témoin des rigueurs qu'on exerçoit d'un côté au nom du Roi, dans le même temps que de l'autre, nos créanciers nous tendoient la main. Tel est le détail exact & sincère des diverses circonstances qui ont mis le comble à mes malheurs ; elles peuvent être considérées comme la première partie de l'histoire de ma vie, & c'est à cette époque malheureuse que commence la seconde.

Sans espoir de voir l'ordre renaître dans ma maison, & convaincu, après un sérieux examen, qu'il ne restoit après la liquidation que peu ou point de moyens solides de fortune, répugnant à implorer l'indulgence & la pitié, bien certain que ceux même à qui mes revers étoient fatals ne pouvoient me refuser leur estime, je résolus de profiter du temps de ma jeunesse pour les réparer, & après avoir consulté plusieurs des créanciers de ma maison de commerce, je me déterminai à passer au Continent pour y régler ses intérêts, & faire faire la remise des capitaux qui s'y trouvoient saisis ; je partis en conséquence de Dunkerque en Juin 1784, je fis quelque séjour à Paris, je m'y procurai les recommandations les plus puissantes pour le pays où je devois me rendre, & je fus m'embarquer à Nantes, où un de mes créanciers m'accueillit avec distinction, me fit charger des marchandises pour mon compte en se rendant ma caution, me procura ainsi la possibilité d'y préparer le rétablissement de ma fortune. Je passai près d'un an au Continent à faire les démarches nécessaires pour obtenir la main-levée des sommes saisies ; ces démarches me mirent dans le cas de réclamer l'intervention de M. de Marbois, faisant alors fonctions *de chargé d'affaires de la Cour de France auprès des États-Unis :* elles n'eurent aucun effet heureux, & je faisois des vœux pour que la masse des créanciers fît passer des pouvoirs à d'autres qu'à moi pour suivre les diligences relatives à la main-levée des saisies, lorsque cette procuration arriva. Sur ces entrefaites j'appris que M. de Marbois venoit d'être nommé à l'Intendance de Saint-Domingue, je lui en fis mon compliment en lui donnant à connoître combien je desirois rentrer dans la carrière du Bareau que j'avois quittée à regret; il me répondit alors, qu'il lui étoit impossible de juger, de New-York où il étoit, ce qu'il pourroit faire pour moi ; il partit : je fus retenu encore environ un mois après lui, mais ayant eu une traversée fort courte, je touchai au Cap, & j'arrivai au Port-au-Prince peu de jours après sa réception au Conseil. Plein du desir de travailler, je sollicitai & fis solliciter M. de Marbois de mettre mon zèle à l'épreuve ; je le priai de viser ma matricule ; il me répondit négativement ; mais il m'offrit de travailler dans son Secrétariat avec un traitement de 3000 l. ma pension & mon logement me coûtoient un tiers de plus, néanmoins j'acceptai avec empressement ; je ne pouvois laisser échapper l'occasion de donner des preuves de bonne volonté. Mon noviciat fut long, & ce ne fut qu'après environ deux ans d'un travail pénible & une maladie grave, que j'obtins assez de confiance de la part de cet Administrateur pour être chargé d'un détail précieux. J'oserai le publier avec franchise, & soit que l'on trouve de l'orgueil dans ma confeſſion, j'oſerai ajouter que je l'ai mérité, & je ne crains pas que perſonne s'élève pour avancer que la conduite du Bureau qui m'a été confiée ait jamais été l'occaſion d'un reproche ſérieux de quelque genre que ce ſoit. Car je n'appelle point reproche les récriminations ou les ſarcaſmes de ceux qui ont pu ſe trouver gênés par l'exercice des devoirs qui m'étoient impoſés ....

Maintenant que j'ai indiqué les tranſitions qui m'ont tranſplanté à Saint-Domingue, maintenant que le Public a pris la peine de lire le narré le plus fidelle de ma vie pendant près de 10 ans, maintenant que je me ſuis fait connoître individuellement, il me reſte à parler de l'état de ma fortune, puiſque cet objet devient auſſi la matière d'un reproche.

Une ſomme due par une maiſon de Commerce bien recommandable de la ville du Cap à mon ancienne Société, & que j'avois chargé un ami de recevoir, a été par lui employée à l'achat d'une habitation au quartier de Nippes; il a réuni ſes fonds à ceux qui lui ont été donnés pour mon compte, & avant même que j'arrivaſſe dans la Colonie, j'étois intéreſſé pour moitié dans la propriété qu'il acquit au mois d'Août 1785. Peu de jours après cette acquiſition, elle fut ravagée par le coup de vent, & ce nouveau malheur ne me fit que mieux ſentir la néceſſité de me procurer un état qui me mit à même d'accroître cette propriété. Mes ſuccès ont ſurpaſſé mon eſpoir, & ma ſituation actuelle devient la preuve que rien ne réſiſte à l'ordre & à l'économie. J'étois à peine arrivé au Port-au-Prince, & j'étois encore incertain d'être placé que je trouvai dans le Commerce du crédit & de la confiance; je doublai l'atelier de notre petite habitation en achetant 4 Nègres, j'en achetai bientôt après 6 autres, & ainſi de ſuite. Je citerois avec reconnoiſſance les Négocians les vrais créateurs de mon établiſſement, s'ils vouloient me le permettre ; leur confiance me pénètre d'autant plus que je ne la devois à aucune conſidération particulière ; enfin malgré des maronages & les ravages du coup de vent du mois d'Août 1788, cette propriété ſur laquelle quand j'arrivai je comptois 4 Nègres, en contient aujourd'hui dix fois plus en commun avec un aſſocié dont l'active intelligence & les ſoins nous ont épargné les mortalités ; & cette habitation achetée avec 4 ou 5 mille pieds de café, en a aujourd'hui plus de 90 mille. Nous achetâmes depuis 50 carreaux de terre qui nous abornoient, & ce dernier acquet rendit notre propriété un bien de la plus belle eſpérance. On ſe perſuade aiſément que je ne ſuis pas libéré envers le Commerce, & j'en fais l'aveu ſans contrainte, mais je ſuis moins preſſé que d'autres, parceque tous ceux avec leſquels j'ai fait affaires, en ſuivant ma vie privée, ſont convaincus que tous les revenus de l'habitation ſont employés à m'acquitter, & que j'arriverai bien-tôt à mon but.

On prétend que je ſuis revêtu de dépouilles arrachées aux malheureux par des-réunions : comme on n'articule à cet égard rien de plus précis que ſur le reſte, je ſuis forcé de répondre par le défi le plus formel fait à qui que ce ſoit de prouver que j'aie obtenu par voie de réunion ſoit directement ſoit indirectement la conceſſion d'un autre terrein que celui que pourſuivoit M. Rouſſeau de la Gautheraye ſur les héritiers du feu Sieur Marc. Mais cette préférence qui me fut accordée ſur le pourſuivant devint néanmoins la matière d'une calomnie qui a fait d'autant plus de bruit que la faveur que j'obtenois nuiſoit à un colon recommandable & puiſſant. Je dis hautement que ma conduite à cet égard eſt tellement à l'abri des reproches, que j'ai toujours réſiſté aux inſtances & aux menaces qui m'ont été faites pour me déterminer à céder une partie de cette propriété; on ſe feroit aujourd'hui un titre de mon déſintéreſſement, & on l'appelleroit une capitulation à la faveur de laquelle j'aurois voulu éviter des pourſuites que je ne craignois pas.

Tel eſt l'expoſé de l'état ancien & actuel de mes affaires; la proſpérité éveille la jalouſie, ce ſerpent ne manifeſte ſa marche qu'au bruit des calomnies; ce bruit attire d'abord l'attention de tout le monde, enſuite le ſifflement de ces ſerpens devient odieux, & l'intérêt commun fait naturellement naître le deſir de l'étouffer; mais il y a des ſerpens dont on mépriſe d'écraſer la tête; mes adverſaires ſont de ce nombre.

Si on élevoit le moindre doute ſur un ſeul des faits conſignés dans cet écrit, j'en produirois, même dans la Colonie, des témoins recommandables, & dont, ſous aucun rapport, le témoignage ne pourra être ſuſpect; & comme les principaux repoſent ſur mon ancienne exiſtence dans le Commerce de Dunkerque, je ne puis me refuſer la ſatisfaction de faire imprimer l'Arrêt de ſurſéance que j'avois obtenu; il ſervira de pièce juſtificative à tout ce qui précède; il ſervira à faire connoître ſi je mérite les qualifications odieuſes ſous leſquelles je ſuis préſenté.

Vils calomniateurs! comment pouvez-vous dire que que je ſuis un banqueroutier, comment pouvez-vous imprimer que la juſtice criminelle de Dunkerque auroit dû informer contre moi? vous écrivez contre le ſentiment de votre propre conſcience, car vous avez lu ou pu lire ma correſpondance de France, pluſieurs lettres de mon épouſe me ſont venues ouvertes, & beaucoup ne me sont pas parvenues, vous avez lu ou pu lire, que l'objet de son voyage a été de terminer avec les créanciers de mon ancienne maison de Commerce, vous avez lu ou pu lire qu'elle avoit reçu partout des preuves de l'estime & de la considération de mes créanciers; en un mot vous avez lu ou pu lire que la délibération (1) prise à Dunkerque le 17 Septembre dernier, par les créanciers de la masse, porte des preuves non équivoques que je n'ai point à rougir des revers que vous me reprochez si grossièrement.

Mais en voilà assez & trop sur cet objet; je demande indulgence pour des détails que je ne devois cependant pas laisser ignorer.

Je m'attends bien, Messieurs les auteurs des motions, que vous me direz que je me livre avec complaisance au plaisir de faire mon apologie: hélas! oui, Messieurs, j'en conviens; & voilà la différence de quelques-uns d'entre-vous avec moi; c'est que vous ne gagneriez pas tous à vous mettre ainsi à découvert. Tel homme peut être calomnié; tel autre ne peut craindre que les traits de la médisance.

Je pourrois me laisser conduire par l'attrait séduisant de la vengeance; je pourrois vous dire des vérités dures; mais je saurai encore me taire.

Je vais maintenant me livrer rapidement à la discus-

(1) *Je donnerai communication de cette délibération à tous ceux qui me la demanderont, on verra que mon épouse a payé non seulement la somme que j'avois reçue pour la masse de mes créanciers à mon arrivée dans cette Colonie, mais même qu'elle a pris des engagemens pour une plus considérable.*

ſion de votre Écrit, dans ce qu'il paroît préſenter de raiſonnable; mais habitué à vous parler franchement, je ne puis vous cacher l'idée qui m'eſt venue en le liſant.

J'ai ſuivi, autant que le ſecret de vos opérations a pu me le permettre, vos vues & vos projets, & j'ai toujours remarqué que lorſqu'il étoit queſtion d'intervertir l'ordre du ſervice, & de faire quelques grands changemens, vous avez eu la politique de jeter dans le Public, avec fracas, quelques imprimés; vous vous êtes ſûrement dit : » *Avant que la réponſe arrive, la Motion aura fait ſon effet, ce que nous aurons réſolu ou propoſé aura paſſé, notre but ſera rempli, & l'impulſion une fois donnée, nous la ſoutiendrons.* » Convenez que voilà votre calcul. Auſſi ne ſerois-je point étonné d'apprendre, par le courrier prochain, que vous avez propoſé de créer....... Que ſais-je ce que vous n'aurez pas propoſé?

Mais revenons à votre motion : je vais l'extraire, pour la faire connoître par la réponſe, car on m'aſſure qu'il en eſt parvenu fort peu d'exemplaires dans cette ville. Soit fineſſe, ſoit prédilection, vous réſervez pour la dépendance du Nord toutes ces jolies choſes. Je ſuis plus franc que vous; j'envoie mes réponſes à tous ceux que je connois, même à beaucoup de perſonnes que je ne connois pas; & je donne ſur-tout la préférence à ceux que je ſoupçonne mes adverſaires.

Vous commencez votre motion par cette phraſe.

« On jugera *peut-être* que l'Aſſemblée Provinciale » met trop de lenteur & de meſure dans ſes opéra» tions. » (1)

---

(1) *On obſervera que tout ce qui eſt guillemetté ſont les expreſſions de la Motion.*

Que ce *peut-être* là est bien placé ! Je suis bien curieux de connoître l'opinion du reste de la Colonie sur ce point.

« Sur-tout lorsqu'il ne s'agit, comme en ce qui » concerne les Finances, que de forcer à restitution » des *exacteurs* publics *convaincus*. »

Exacteurs n'est sûrement pas le mot qui exprime la spoliation; *convaincus* est un mensonge, car vous n'avez pas fourni un adminicule de preuve.

» Mais lorsque la Nation rappelle aux principes » constitutionnels ceux à qui elle a confié le pouvoir » exécutif, il ne faut pas qu'elle s'écarte des règles. »

Il y auroit de bien bonnes choses à vous dire, Messieurs les Auteurs des Motions, sur le respect dû aux règles, & bien des reproches à vous faire sur les infractions dont vous êtes coupables. Mais ce que je pourrois vous dire seroit *vox clamans in deserto*.

» Il faut sur-tout respecter celles faites, pour qu'il » ne reste, après condamnation, aucun moyen de plain- » te ou de réclamation légitime aux coupables. »

Toute la Colonie applaudira à cette disposition, mais il ne faut pas se borner à l'imprimer.

» Les prédécesseurs de M. de Marbois ont, ainsi que » lui, regardé les finances de la Colonie comme leur » patrimoine, mais ils ont jeté sur leur conduite *un* » *voile impénétrable.* »

Avouez, Messieurs, que vous êtes bien prudens de garder l'anonyme, car M. Devaivre encore existant, la famille de M. de Bongars encore dans la Colonie, celle de M. de Montarcher, pourroient bien vous prendre à partie, & vous forcer à prouver ce que vous convenez vous-même être improuvable ou couvert *d'un voile impénétrable.* Quel tissu de prudence & d'imprudence, disons mieux, que d'inconséquences insignifiantes! Si ce voile est *impénétrable*, comment l'avez-vous pénétré? s'il est impénétrable pour tout autre que pour vous, qui vous empêche de le lever? est-ce considération pour des Administrateurs absens? sous quels rapports en méritent-ils plus que le dernier? vous annoncez que vous voulez dire la vérité, elle ne doit ménager personne. Mais pensez-vous qu'on soit la dupe de vos annonces, & que ceux qui se sont prévalus de faits passés, il y a un siècle, n'en rappelleroient pas de plus récens s'ils en connoissoient .... mais ce n'est pas à moi à défendre les prédécesseurs de M. de Marbois; les Loix reprendront leur empire, & sans doute qu'ils seront vengés.

» Les réclamations de la Colonie ont du moins eu » l'effet de faire donner au Sieur de Marbois l'ordre de » rendre ses comptes dans la Colonie. »

Ceci ressemble beaucoup à un mensonge; je n'ai jamais eu connoissance d'un pareil ordre; j'oserois presque dire qu'il ne fut jamais sollicité. M. de Marbois, dès son arrivée dans la Colonie, avoit eu le projet de rendre les comptes de son administration, il devoit en solliciter la permission, lorsque le Réglement du Roi du 13 Octobre 1787, connu au commencement de 1788, lui parut un titre suffisant pour le faire. Si cet Administrateur avoit eu l'intention, le desir ou le besoin de s'envelopper d'un voile inpénétrable, l'ordre donné en 1788 ne pouvoit pas le contraindre à publier les comptes des années 1786 & 1787; d'ailleurs qu'on justifie de l'existence de cet ordre, & je passe condamnation sur ce point. M. de Marbois dit bien dans son dernier écrit qu'il a reçu ordre de laisser à son successeur un Mémoire instructif. Mais donner des instructions sur des points d'administration est autre chose que rendre un compte.

» Il a donc fallu au Sieur de Marbois plus d'adresse » qu'aux autres *pour détourner les fonds*, aussi semble- » t-il avoir été créé pour cette nouvelle époque, & » l'on a déjà vu comme elle lui a donné l'occasion de » déployer ses ressources. »

Pour détourner les fonds; vous parlez toujours avec votre légèreté ordinaire, & vous n'avez encore rien démontré.

» Les Commissaires chargés d'essayer s'il étoit pos- » sible de pénétrer le mystère des finances, ont d'abord » cherché dans le dernier Mémoire publié en Octobre » 1789 par M. de Marbois, à l'instant de son *évasion*, » à connoître la situation des finances de la Colonie. »

Vous convenez au moins qu'il vous a fourni le fil du labyrinthe; hé bien, Messieurs, qui empêche que vous parcouriez ce dédale ? si vous aviez autant de desir de le faire que j'en ai, qui empêche que vous proposiez une députation avec des vues plus pacifiques que la première, & que deux ou trois Commissaires irréprochables & incorruptibles ne se livrent à l'examen du compte & des pièces qui ont servi à le former : vous prononcerez alors en connoissance de cause.

» Si un ange tutélaire avoit administré la Colonie » il n'auroit pas eu à présenter un tableau plus conso- » lant, il ne se seroit pas montré plus pur, il n'auroit » pas prêché une plus belle morale à ses successeurs. »

Je n'ai point à juger si l'on pouvoit mieux administrer la Colonie, mais j'entends dire aux gens les plus raisonnables & les moins prévenus, que *jamais* les paiemens ne se sont mieux faits que pendant l'Administration de M. de Marbois & que sans avoir proposé aucun nouvel impôt, nul Administrateur n'a fait plus de choses utiles, d'une utilité plus générale, & avec plus d'économie, il s'est montré pur dans son dernier Mémoire, & je pense avec beaucoup de monde qu'il l'est, & que sa réputation sur ce point n'est pas équivoque.

» Il payoit tout comptant; fait pour les choses ex-
» traordinaires, il avoit même été forcé de *stimuler, de*
» *menacer les récalcitrans à recevoir leur paiement.* »

M. de Marbois en avançant ce fait, n'a encore dit qu'une vérité, car il y a eu plusieurs avis imprimés dans les Affiches Américaines pour avertir & solliciter divers créanciers du Roi de venir retirer leurs Ordonnances de paiemens; à la suite de cet avis, il en a été payé qui étoient dus depuis plus de vingt ans. Plusieurs fois les fournisseurs ont été avertis de faire mettre leurs pièces en règle au magasin du Roi, & de venir les faire expédier pour en obtenir le paiement. Si ma Mémoire est bonne, les avis ont paru dans les affiches de Novembre ou de Décembre 1788.

» Enfin il laissoit en espèces plus de 1,200,000 liv.
» d'épargnes, indépendamment de sommes considérables
» en dépôt, (calcul fait sur les comptes de M. de
» Marbois, ces dépôts montoient à 800,000 liv.) »

Qu'on lise le dernier Mémoire publié par M. de Marbois, & l'on verra s'il dit pareille chose; on verra s'il annonce 1,200,000 livres *d'épargne*, & s'il parle de dépôts indépendans des fonds récapitulés.

Voici ce qu'il dit à la page première: *Je laisse plus d'un million en espèces, non compris les fonds de diverses caisses, de simples dépôts, telles que celles des invalides & des vacances. Il y a d'ailleurs des recouvremens à faire avant la fin de l'année pour de grandes sommes.*

Quant aux fonds existans, que l'on jette les yeux sur l'état joint à ma seconde réponse; quant au reste, que l'on juge avec quelle adresse, MM. les Commis-

saires

ſaires des finances les phraſes de M. de Marbois pour le mettre en contradiction avec lui-même.

» Le Sieur de Marbois a encore prévu l'inconvé-
» nient de laiſſer des fonds diſperſés dans diverſes caiſ-
» ſes, & cette ſomme importante étoit réaliſée & réu-
» nie dans une caiſſe fermant à deux clés tenues par deux
» chefs de finances »

Je ne ſais, Meſſieurs, ſi votre menſonge ſur ce point eſt adroit ou groſſier ; mais pour que le public puiſſe apprécier l'épithète qu'il mérite, il faut encore lui remettre ſous les yeux le paſſage du mémoire de M. de Marbois en parlant des fonds de réſerve.

M. le Comte de Peinier eſt d'avis, & je crois que vous penſerez de même, d'accroître juſqu'à environ 1,500,000 liv. les fonds de réſerve. La circonſtance l'exige; nous n'avons en ce moment qu'environ 1,200,000 liv. en eſpèces, y compris les fonds des invalides & des conſignations.

Ce n'eſt donc pas, Meſſieurs, ainſi que vous le dites plus haut, un fonds d'épargne *indépendant* des ſommes en dépôt, puiſque c'eſt, *y compris.* —— En vérité, vous êtes de bien mauvaiſe foi, & pour s'en convaincre il faudroit relire tout le Mémoire de M. de Marbois : il dit dans le premier paſſage, qu'il laiſſe 1,000,000 liv. non compris les fonds de caiſſes de ſimple dépôt ; dans le ſecond il dit, qu'il n'a que 1,200,000 liv. y compris les fonds de ces caiſſes.

» Telle eſt l'idée que le Sieur de Marbois préſente
» de la poſition actuelle.

« Le coup-d'œil ſur l'avenir eſt plus ſuperbe en-
» core.

» Il reſte des recouvremens à faire pour de grandes
» ſommes avant la fin de l'année. »

Oui, il reſtoit & il reſte des recouvremens à faire

pour de grandes ſommes : le fait eſt vrai, conſultez les états fournis par le receveur des octrois, vous ſerez convaincus que dans la ſeule ville du Cap, il eſt dû pour droits de Nègres & de maiſons, plus de 1,700,000 liv. en ſuppoſant un quart de ces droits exigibles, irrécouvrables, il en reſtera toujours pour plus de 1,200,000 l. dont le recouvrement pourroit être conſidéré comme prochain.

Conſultez auſſi le tréſorier particulier, il vous fera connoître un état d'actifs aſſez conſidérables, dont il ſe garde bien de preſſer la rentrée pour éviter de ſe faire des ennemis, car l'expérience apprend que l'on ne demande pas impunément de l'argent, même à ceux qui le doivent le plus légitimement.

» Son compte de 1788 annonçoit des avances pour » plus de 600,000 liv. aux entrepreneurs, & il répète » en Octobre 1789, que beaucoup d'entrepreneurs ont » reçu des avances. »

J'en fournirai l'état quant on voudra, & il démontrera que M. de Marbois a dit la vérité.

» Enfin ſuivant les bordereaux qu'il recevoit, les » caiſſes des divers receveurs ſe regarniſſoient. »

Oui, mais divers receveurs, divers débiteurs n'ont pas tardé à conſidérer l'époque du départ de M. de Marbois comme un moment de répit, & tel avoit promis de payer en Novembre ou Décembre ſur un débet énorme un àcompte de 15 ou 20 mille livres, qui au moment où j'écris n'a pas payé une obole.

» Tout eſt par là dit & prévu relativement à l'état » des finances, au départ du Sieur de Marbois; & loin » qu'il reſtât à ſes ſucceſſeurs, aucun prétexte d'entamer ces fonds d'épargnes & les dépôts, il y avoit » au contraire pour l'avenir la plus grande certitude

» d'une immenſe augmentation du fond d'épargnes. »

Je ne répéterai pas ce que j'ai dit plus haut; & quoique MM. les Auteurs des Motions ſe montent ſur des échaſſes pour dire de grands mots & faire de petits argumens, je ne ſaurois changer d'opinion, & je répéterai qu'une ſévérité ſalutaire feroit rentrer ſans violence pluſieurs millions dans les coffres de la Colonie.

« Il n'y a pas à douter des réſultats donnés ſur un » ton auſſi affirmatif; & la proclamation de ces Mé» moires non contredits par les ſucceſſeurs de M. de » Marbois, faiſoit leur charge & *leur reſponſabilité.* »

Soit, *reſponſabilité;* elle eſt ſans danger pour eux; & comme tous les calculs de M. de Marbois repoſent en faits ou en preuves, elle ne leur inſpire aucune inquiétude.

« Il ne reſtoit donc, relativement au Compte de » 1788, qu'à en faire la vérification, & travailler à » la diſtinction des recettes & dépenſes concernant la » province du Nord, tant dans les fonds d'épargne » réaliſés, que dans les rentrées beaucoup plus conſi» dérables annoncées. »

Vous vous bercez toujours, Meſſieurs les Auteurs des Motions, d'idées agréables. Je vous ai déjà dit, & vous le prouverai, que les recettes de votre dépendance ne ſuffiſent point à vos dépenſes; quels peuvent être vos droits au fonds d'épargne? Ne vous y trompez pas, c'eſt la partie du Sud qui y a des droits; c'eſt elle qui verſe bien plus qu'elle ne conſomme. Je le dis, non pas pour m'y faire des amis ou des protecteurs; je le dis, parceque le fait gît en preuves; quant aux rentrées peu conſidérables annoncées, qui vous empêche de prendre chez le Tréſorier principal, connoiſſance de ce qui conſtitue l'eſpoir de ces rentrées pour votre dépendance.

» D'après les pieuſes exhortations faites par M. de » Marbois à ſes ſucceſſeurs de donner à la Colonie le » Compte qu'elle étoit accoutumée à recevoir tous les » ans, & de n'y apporter aucun retard, &c. »

Le ſucceſſeur de M. de Marbois ſe diſpoſe à ſatisfaire à ſon exhortation & au vœu de la Colonie; tout lui en fait un devoir.

« Il falloit croire que ces Comptes, ſi ſolennellement donnés pour modèles, ne laiſſoient rien à deſirer. Mais quelle a été la ſurpriſe, lorſque dans les » Tableaux que le Sieur de Marbois appelle ſon compte » de 1788, on n'a trouvé que les ſommaires de diverſes claſſes de recettes & de dépenſes, ſans aucun détail; lorſque revenant aux chapitres préliminaires » relatifs à ces Tableaux, au lieu de lumières ſur l'énormité des dépenſes qui *ſemblent* ſe répéter partout, on ne trouve que la partie hiſtorique, au » moins très-ſuperflue, des diverſes perceptions. (1) »

Que l'on ouvre tous les comptes de Finance publiés en France; que l'on prenne pour comparaiſon ceux publiés par M. Necker, par M. l'Archevêque de Sens; que l'on prenne pour modèle les Comptes rendus à

---

(1) *On trouve une note qui indique que le dernier Mémoire de M. de Marbois n'a été connu au Cap qu'en Novembre, & on a l'air de placer cette connoiſſance au 25 du mois, époque de la première Motion. Les Auteurs des Motions ſe trompent encore, car le Mémoire dont il s'agit a été adreſſé au Commiſſaire-Rapporteur du Comité, le 29 Octobre, & lu le premier Novembre.*

l'Assemblée Nationale par le Comité des Finances; on verra si un seul est autant chargé de notes & d'observations instructives que ceux publiés par M. de Marbois. Mais ces sommaires renvoient à des documens élémentaires, à des détails, à des bordereaux, à des registres, à des états; & c'est tout cela qu'il faut consulter, pour se convaincre des erreurs ou de la fidélité de ces Comptes.

« Il est permis de le dire; on ne peut être plus fourbe, plus hypocrite que le Sieur de Marbois; on ne peut s'être joué plus hardiment des ordres du Roi; des espérances & des droits qu'ils donnoient à la Colonie. »

On ne peut être plus déchaîné, plus insensé que MM. les Auteurs des Motions; on ne peut parler avec plus de hardiesse, quand on n'administre aucune preuve; on ne peut se jouer avec moins de ménagement de l'honneur & de la réputation d'un citoyen, en supposant que comme Administrateur, il ne mérite pas plus d'égards qu'un autre.

« On s'étoit cependant contenté, dans la Motion du 25 Novembre, de faire remarquer l'insuffisance & la nullité presque absolue de ce Compte dérisoire. »

Il fait réellement beau voir les Auteurs des Motions s'applaudir de leur étonnante modération.

« Et l'Assemblée s'en est tenue, par son Arrêté du même jour, à prescrire au Sieur de Proisy, successeur du Sieur de Marbois, de faire passer à l'Assemblée des états détaillés & bien motivés de toutes les recettes & dépenses, c'est-à-dire, les moyens de refaire les Comptes du Sieur de Marbois. »

« C'étoit un des devoirs du Sieur de Proisy, d'après l'ordre du Roi cité par M. de Marbois lui-même, &

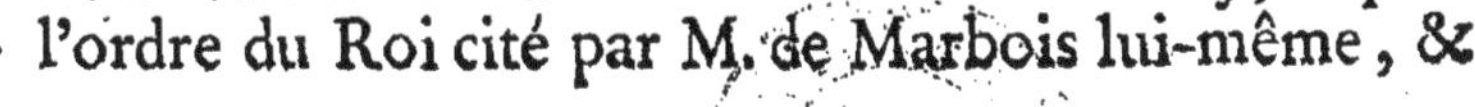

» la volonté du Roi étoit de nouveau manifestée à cet » égard par une lettre ministérielle citée dans l'Ar- » rêté. »

La lettre ministérielle citée n'a pour objet que d'autoriser MM. les députés de la Colonie à prendre dans les bureaux de Versailles tous les renseignemens, notes & documens dont ils auront besoin. M. de Proisy a offert l'exécution de cette disposition dans les bureaux de la Colonie.

« Le second objet de l'Arrêté étoit de prévenir pour » l'avenir la confusion des fonds des trois provinces ; » il résulte de cette confusion une injustice, si les fonds » de chaque province ne sont pas fidélement réservés » & appliqués à celle qui les a fournis. »

La réclamation n'est pas mal-adroite ; c'est quand on fait appercevoir à la province du Nord qu'elle a long-temps consommé les fonds des deux autres dépendances ; c'est quand on lui observe que les seules entreprises du Sieur Artau ont absorbé en trois ou quatre ans plus de dix millions ; c'est enfin quand on veut faire cesser cette injustice, qui portoit à tout employer au profit de la dépendance du Nord, que, dans cette province, des auteurs de motions incendiaires, qui semblent avoir pris à tâche d'aigrir tous les esprits, de tromper tous les citoyens par des déclamations insensées ; de détourner les idées de leurs vues perfides, sous une apparence de patriotisme & de dévouement, lorsque leur intérêt personnel agit seul, & les porte à mépriser sans pudeur les vérités les mieux démontrées ; c'est enfin lorsque l'Administration elle-même a prouvé que le Nord a toujours plus consommé de fonds publics qu'il n'en a produits ; c'est alors qu'il réclame l'application particulière de ses contributions : ce procédé n'est pas généreux ; il démontre un peu d'ingratitude.

Mais les provinces de l'Ouest & du Sud pourroient bien quelque jour réclamer de celle du Nord une indemnité pour ce que cette partie a absorbé à leur détriment, & certes on sera peut-être plus embarrassé pour répondre à leur demande, qu'on ne l'a été pour calomnier M. de Marbois, ses prédécesseurs & son successeur. C'est peut-être pour éviter ces réclamations, qu'on se plaint. Mais les provinces de l'Ouest & du Sud seront généreuses : sans doute elles abandonneront à leur sœur du Nord ce qu'elle a consommé de plus qu'elles dans les biens de la famille commune.

« Et un mal plus réel, c'est que les provinces du » Nord & du Sud ne peuvent plus suivre la destination » des perceptions qu'elles ont données, & les comptes » généraux en sont plus inexplicables, indépendam- » ment du commerce que le Sieur de Marbois a établi » entre les diverses caisses, ce qui ajoute à *l'obscurité &* » *aux ressources du comptable.* »

Toujours quelques traits de satire; *l'obscurité & les ressources du comptable ;* vous n'avez encore prouvé ni l'un ni l'autre ; pouvez-vous donc penser qu'un Public éclairé & impartial vous croira sur parole ?

« L'Assemblée a donc arrêté que le Sieur de Proisy » seroit tenu à l'avenir de distinguer les fonds doma- » niaux produits par la province du Nord, & de n'en » ordonner l'emploi que de concert avec l'Assemblée. »

« En troisième lieu, la caisse municipale avoit été » enlevée à la province du Nord, &c. &c. »

Je ne vous répondrai point, Messieurs, sur cet article ; vous me diriez que je me mêle de ce qui ne me regarde point.

« Le Cap est à 60 lieues du Port-au-Prince ; tout le » pouvoir exécutif qui y réside cède difficilement à la » régénération. Tout y respire encore le despotisme » que les Marbois, les la Mardelle, les Wante, les » Deschamps, & une Cour de Justice servilement dé- » vouée, ont voulu établir sur la Colonie. »

Assurément, Messieurs, vous me faites beaucoup trop d'honneur, de me croire assez important pour influer sur le pouvoir exécutif. Vous savez que je ne me mêle que des finances, & craignant sans doute qu'elles ne me donnent pas assez de besogne, vous m'avez obligé d'écrire l'histoire de ma vie ; je n'aurois jamais pensé, sans vos attaques, à en entretenir le Public.

« Le Sieur de Proisy, gouverné par deux fidelles » disciples du Sieur de Marbois, s'est étonné de la pré- » cision des demandes qui lui ont été faites, & ses ré- » ponses équivalent au refus de satisfaire ; on a eu » d'ailleurs la certitude très-précise que la pénurie des » Caisses étoit absolue, en sorte qu'en un instant tous » les fonds d'épargne, les dépôts & les rentrées consi- » dérables qui étoient annoncés pour la fin de l'année, » ont été *dissipés*. »

Dissipés, n'est pas le mot ; c'est *consommés*. Oui, cela est vrai ; les caisses ont éprouvé un instant de pénurie, les fonds de réserve sont sortis, ils ont été employés, mais non pas les recouvremens qui doivent se faire, car ils n'ont pas eu lieu. Payant sans cesse & ne recevant rien, les économies ont dû disparoître. O ! combien la crise eût été plus affreuse, si les caisses s'étoient trouvées vides lorsque M. de Marbois a quitté la Colonie !

« Dans cette nouvelle circonstance, l'Assemblée a » pris un parti toujours conforme à la *grande modéra-*

» *tion* qu'elle s'eſt preſcrite : elle a, par un Arrêté du » 22 Décembre, ordonné, &c. »

J'ai fait connoître, dans ma ſeconde réponſe, que cet Arrêté de l'Aſſemblée provinciale étoit un de ceux auxquels l'Adminiſtration s'empreſſoit d'applaudir.

« Enfin, l'Aſſemblée a joint à cet Arrêté un relevé » des ſommes déclarées par M. de Marbois exiſter en » eſpèces, & elle invite encore M. de Proiſy & ſes col- » lègues à s'expliquer ſur la diſparition de ces fonds & » des rentrées dont ils devoient être au contraire con- » ſidérablement accrus. »

Quant au fonds, je vous ai dit, Meſſieurs, & je vous le répète, ils ont été conſommés; je me charge volontiers de vous en prouver l'emploi. Quant aux rentrées, je me charge encore de vous prouver qu'elles n'ont pas eu lieu.

« Quelque attention qu'on ait miſe à rendre l'argu- » ment preſſant, M. de Proiſy a montré la plus gran- » de *inſouciance*; il a gardé un ſilence profond. »

Ne confondez pas : ce n'eſt point inſouciance que M. de Proiſy vous a montré; c'eſt ſécurité ſur le réſul- tat du compte qu'il rendroit de ſon adminiſtration. Il a gardé, dites-vous, un ſilence profond : cela n'eſt point exact, car c'eſt de ſon aveu que j'ai publié tout ce qui le concerne dans ma ſeconde réponſe à vos motions.

« On ne compte point pour réponſe les clameurs » importunes d'une Cour de Juſtice, qui s'eſt arrogé » de prononcer ſur des objets de finance abſolument » étrangers à ſes fonctions. »

Meſſieurs les amis des règles, je vous le dis tout bonnement; & quoique cela ne me regarde point, auſſi long-temps que les articles 76, 77, 78 & 79 de l'Ordonnance du Roi du premier Février 1766 ne ſeront pas abrogés, c'eſt au Conſeil ſeul qu'appartient le droit de régler l'impoſition municipale, & d'en ordonner l'emploi; or, il n'a rien fait d'étranger à ſes fonctions.

» On ne compte pas non plus pour une réponſe » deux écrits plus *mépriſables* encore depuis que le » Sieur Wante, après avoir eſſayé de ſe cacher ſous » l'anonyme, a oſé s'en avouer l'auteur «.

Mépriſable, c'eſt bientôt dit, & très-adroitement, Meſſieurs, vous tirer d'un mauvais pas; aſſurément votre motion eſt bien pitoyable; les auteurs en ſont bien peu dignes de confiance, puiſqu'ils n'oſent ni la dater ni la ſigner, puiſqu'ils diſent des ſottiſes au lieu de raiſons; & néanmoins je prends bien la peine de leur répondre; vous avez ſenti qu'il étoit difficile de riposter à mes argumens qui mettoient trop en évidence vos écarts & vos erreurs, & pour ſortir d'embarras, vous mettez mes réponſes de côté, & à la faveur du mépris, votre arme ordinaire, non ſeulement contre moi, mais contre un corps reſpectable, vous vous débarraſſez du ſoin d'y répondre. Le Public jugera ſi c'eſt là faire bonne guerre.

Vous faites, après la ſortie ci-deſſus, une note dont voici le contenu.

On apprend que c'eſt encore un anonyme: de malheur en malheur le vrai nom du ſoi-diſant Wante a ceſſé de convenir à ſa ſûreté; ſon véritable nom eſt Rafle.

Rien n'eſt plus joli que cette plaiſanterie-là. J'ai bien appris qu'elle avoit été conſignée dans une lettre écrite à l'Aſſemblée provinciale de la partie de l'Oueſt; je croyois que le temps des folies étoit paſſé; je ne m'attendois pas à en retrouver la trace dans votre motion. Vous en avez jugé autrement; vous n'avez pas voulu qu'un pareil trait d'esprit fût perdu pour la Colonie ; je ne puis pas vous désapprouver. On devinera bien que l'auteur de cette pointe est un coureur de tripôts : néanmoins, pour que personne ne soit pris pour dupe, je vous répète ici que je m'appelle Wante, & si vous pouvez me prouver le contraire, je consens à confesser que le Gros est fin & que le Carré est pointu.

» Dans le premier de ces écrits, c'étoit un Citoyen » dont la sensibilité souffroit de l'injure faite à la pu- » reté du Sieur de Marbois. Bien des traits de cet écrit » décéloient déjà un *élève*, un *complice* du Sieur de Mar- » bois, & en effet dans le second écrit on apprend que » c'est le Sieur Wante, le Sieur Wante *banqueroutier* » *fugitif* de Dunkerque, le Sieur Wante revêtu des » dépouilles arrachées aux malheureux par des réu- » nions «.

Elève de M. de Marbois, j'en conviens ; *complice*, cela suppose un coupable, & vous n'en avez pas prouvé ; *banqueroutier*, ce qui précède fixera à cet égard l'opinion du Public, la vôtre m'est fort indifférente; *fugitif*, c'est une fausseté que je démontrerai sans réplique, car je pourrai être incessamment au sein de ma famille. *Dépouilles arrachées aux malheureux*, j'ai prouvé le contraire.

» Enfin le Sieur Wante après avoir osé se manifester, » se panade, & tient, dit-il, le combat pour engagé » avec les Commissaires de l'Assemblée provinciale «.

Oui, avec les Commissaires de l'Assemblée provinciale, mais non pas avec des écrivains orduriers qui ne disent que des injures ; aussi je vous préviens, Messieurs, qu'après cette riposte, vous pourrez me dire très-impunément tout ce que vous voudrez je ne daignerai plus y répondre.

» L'imprudence eſt grande ; le combat qui s'enga-
» gera ſera de l'eſpèce de celui qui auroit dû s'engager
» entre le Sieur Wante & la Juſtice criminelle de Dun-
» kerque, ſi elle avoit fait ſon devoir à ſon égard «.

Ainſi, vous n'êtes pas contens de cenſurer la conduite des Tribunaux de la Colonie ; il faut encore que votre critique porte ſur ceux de Dunkerque ; aſſurément on vous prendra pour les redreſſeurs des torts, & comment ne pas reconnoître à ces traits & beaucoup d'autres les heureux diſciples du Chevalier errant ?

» Il eſt cependant préſumable que ce ſont des Admi-
» niſtrateurs des finances qui ont mis le Sieur Wante
» en avant. Et comme on n'entend rien propoſer qui
» ne ſoit de la plus exacte juſtice, ſi le Sieur Wante
» eut fait connoître quelques erreurs, on ſe ſeroit em-
» preſſé de les relever «.

Vous vous trompez encore, Meſſieurs, perſonne ne m'a mis en avant ; je me ſuis préſenté ſans impulſion, & comme je n'ai rien dit qui ne ſoit prouvé, ou prêt à l'être, perſonne ne s'eſt oppoſé à la publication de mes écrits. Quant à ce que vous dites que je n'ai point relevé d'erreurs dans vos motions, certainement cela paſſe la plaiſanterie. Si vous aviez été ſeuls à lire mes réponſes, vous pourriez en impoſer encore ; mais elles ont été répandues, & je n'ai pas ouï dire que l'honneur du combat vous fût reſté.

» Mais perſonne n'a pu ſe méprendre à ſes écrits,
» c'eſt l'imitation la plus parfaite du genre du Sieur de
» Marbois. »

C'eſt ce que vous pouviez me dire de plus agréable.

» Rien n'eſt plus légal que la marche obſervée par
» l'Aſſemblée.

» Quand un compte, où tout est solutions mathé-
» matiques, manque de clarté, le comptable est ignorant
» ou fripon. »

Quand on refuse, Messieurs, de prendre communication des documens élémentaires d'un compte, le refusant est un imposteur de mauvaise foi.

» Il n'est pas nécessaire de s'expliquer sur l'alterna-
» tive à l'égard des comptes du Sieur de Marbois, mais
» rien n'y est expliqué, on s'en est plaint, on a demandé
» les éclaircissemens nécessaires. »

On les a offerts; voyez la lettre de M. de Proisy à l'Assemblée provinciale de la partie du Nord, en date du 29 Novembre dernier.

» Ce n'est pas par des raisonnemens que le Sieur
» Wante prouvera la suffisance de ces comptes, & qu'il
» justifiera le Sieur de Marbois.

» On a fait à l'égard du Sieur de Marbois & ses suc-
» cesseurs ce qui est de règle à l'égard des comptables;
» on a pris acte des reliquats avoués, & tout le monde
» a les comptes sous les yeux; il est aisé de vérifier que
» l'on a relevé très-exactement les espèces déclarées
» exister en nature. »

Vous en avez imposé en forçant les reliquats avoués, du montant de deux dépôts imaginaires que vous avez voulu considérer comme séparés, malgré l'explication claire & précise que je vous ai donnée: quelle confiance croyez-vous mériter pour le reste? Vous dites ensuite, avec un ton affirmatif.

» Que peut objecter le Sieur Wante?

Votre mauvaise foi la plus insigne.

» Aussi, quoiqu'il promette à tout instant de procé-
» der, il ne cherche que des détours & des subterfuges.

Point du tout. On ne demande que le temps nécesſaire pour que le compte de 1789 ſoit fait & imprimé: au moment où j'écris, pluſieurs tàbleaux ſont ſous preſſe ; mais ne ſoyez pas plus exigeant que l'année dernière. Le Compte de 1788 ne fut livré à l'impreſſion & publié qu'en Juillet 1789. On eſpère, ſi rien ne ſuſpend le travail, devancer cette époque de plus de 2 mois. Trouvez-vous là des ſubterfuges ? d'ailleurs conſultez pluſieurs comptables de votre dépendance, vous apprendrez qu'aujourd'hui 12 Mars leurs comptes d'octroi & de domaine d'Occident ne ſont point parvenus au bureau de la vérification ; vous ſentez bien néanmoins que le compte de l'Adminiſtration ne peut marcher qu'après cette vérification.

» Tantôt il eſſaye de faire douter que les fonds *d'é-* » *pargnes* annoncés aient été réellement exiſtans en » nature. »

Il ſera facile de prouver l'exiſtence des 300,000 liv. que M. de Marbois a laiſſées en caiſſe de réſerve; quant aux 900,000 liv. réparties dans les autres caiſſes, j'en juſtifierai l'emploi ou l'exiſtence en même nature que cet Adminiſtrateur les a laiſſées.

» Il dit qu'en matière de finances on tient pour » fonds acquis des actifs qui ne ſont pas des eſpèces : » ſi on avoit fait cette confuſion à quelle plus forte » ſomme ſeroient montés les fonds acquis, en n'y » comprenant même que les rentrées prochaines & cer- » taines ? mais on a ſuivi les termes des mémoires de » M. de Marbois, qui ne laiſſent aucun doute quant à » la diſtinction des eſpèces réelles des crédits, & des » rentrées eſpérées.

Avouez, Meſſieurs, que ſi par caractère, par ancienne habitude ou par goût, vous n'êtiez par des chicaneurs, vous ne me feriez pas une pareille querelle: j'ai dit qu'en finance des effets à termes fixes, des lettres de change, des récépissés d'un receveur en exercice sont pris pour espèces, & le deviennent réellement du jour au lendemain (1) je vous le répète encore, mais je n'ai pas prétendu confondre dans les espèces réelles, les actifs ou reprises qui constituent une somme de plusieurs millions; je n'ai rien dit de pareil; au surplus soyez tranquiles, le Public vous excusera de ne pas mieux entendre la finance; on ne peut pas être universel.

» Le Sieur Wante le sent bien, lorsque dans un en-
» droit il dit: *qu'est-ce que 1,100,000 livres éparses dans*
» *vingt caisses*? Voilà 1,100,000 livres bien subtilement
» évaporées! M. de Marbois a fait des élèves dignes de
» lui! Mais le Sieur Wante oublie la caisse à deux clés
» où le Sieur de Marbois réunissoit les fonds. »

Oui, Messieurs, je vous ai dit à l'occasion du reproche que vous faisiez à M. de Marbois, de laisser des fonds oisifs tandis que la dépendance du Nord sollicitoit des travaux utiles, je vous ai dit: *qu'est-ce que 1,100,000 livres dans vingt caisses*? & en effet à l'expiration d'une année, quand tout se solde & se règle, cette somme est bien-tôt consommée, quand sur-tout les recettes sont suspendues, pour ne pas dire annihilées. Quant à *l'évaporation* subtile des espèces, je vous le dis sans vouloir vous fâcher, je crois que vous seriez nos maîtres.

---

(1) *Lisez le dernier apperçu de la situation des finances, publié par M. Necker pour les mois de Novembre & de Décembre 1789, vous trouverez au premier article de recette :* » *Comptant au trésor royal en argent*, billets de la caisse « d'escompte & EFFETS DANS LE MOIS. » *Les effets, Messieurs, sont donc considérés comme comptant ?*

» Le Sieur Wante fait un mérite, à M. de Marbois » d'avoir le premier rendu des comptes.

» Il oublie que le Sieur de Marbois cite lui-même » l'ordre de rendre ses comptes dans la Colonie. »

Je n'oublie rien, mais pour ne me point répéter, je renvoie à la réponse que je vous ai faite sur cet objet.

» Le Sieur Wante suppose que l'Assemblée a de» mandé la copie de toutes les pièces & registres des » comptabilités employés au compte de 1788; il ajoute » que cent commis ne feroient pas cet ouvrage en six » mois. L'Arrêté de l'Assemblée du 25 Novembre ne » porte pas une demande aussi ridicule.

» Ce sont des états détaillés que l'arrêté prescrit au » Sieur de Proisy d'envoyer, & ces détails doivent être » beaucoup moins longs que la copie même des comp» tes des receveurs de chaque département qui pour» roit être faite en 15 jours. »

« L'Assemblée a demandé *des états détaillés & bien » motivés en recette & en dépense de tout ce dont on ne trou» ve que les sommaires au compte de M. de Marbois, rela» tivement aux caisses de l'Octroi, Domaniale & des Li» bertés.* »

Qu'elle étoit l'assurance de l'Administration, que ces états une fois fournis, n'eussent point paru suspects comme les comptes de M. de Marbois? Et je le repétérai toujours, ces états n'étoient pas un travail d'une exécution prochaine & facile.

« Au surplus, il ne s'agit pas du plus ou du » moins de travail, mais d'obéir aux ordres du Roi, » & de satisfaire aux droits de la Colonie ».

M. de Proisy a satisfait aux ordres du Roi, portés à la dépêche du Ministre à MM. les Dépu-

tés

tés de Saint-Domingue, il a offert encore la communication des pièces, sur lesquelles les comptes de M. de Marbois ont été dressés.

« Le Sieur Wante propose à l'auteur de la mo-
» tion de se rendre au Port-au-Prince, ou de confier
» la vérification des comptes de M. de Marbois à
» l'Assemblée de l'Ouest ».

» On ne veut pas deviner tout ce que le Sieur Wante veut faire entendre ».

Comme vous êtes, Messieurs, beaucoup plus fins que moi, je ne sais pas ce que vous croyez que j'ai entendu, mais je vous confesse qu'en faisant cette profession, il n'y a eu aucune malignité de ma part, & je ne devine pas même ce qu'il pourroit y avoir de sous-entendu.

Après m'avoir cherché noise sur ce que ces états ne vous sont pas fournis, vous dites ?

« Qu'il garde ses Conseils ; les états détaillés que
» la province du Nord *aura*, suffiront ; ces états
» seront certifiés, & la responsabilité des signataires
» fera la sûreté de la province ».

« Et pour les restitutions, la sécurité du Sieur
» Wante & de ses complices, ne sera pas de durée ».

Je crains si peu les restitutions que je vous indique mes propriétés ; ma sécurité, je vous défie de la troubler, elle repose sur le sentiment de ma conscience ; quant à ma sûreté individuelle, elle est sous la sauvegarde des Loix & de mes concitoyens ; je ne m'évaderai point, je vous en donne ma parole, je tiendrai fermement à mon poste aussi long-temps qu'il sera tenable; mon honneur y est maintenant engagé. Quant aux actes de violence dont vous pourriez devenir les instigateurs, je n'en suis pas à l'abri plus qu'un autre, &

perſonne ne peut répondre que paſſant près d'un cheval il ne recevra pas un coup de pied.

» Sans doute les provinces ſe réuniront & ſe prête-
» ront un ſecours efficace contre les *exacteurs*. »

Quel inutile acharnement ! Meſſieurs, vous appelez toujours *exacteurs* des Citoyens contre leſquels vous n'avez encore rien prouvé ; vous avez voulu dire *ſpoliateurs*. On voit, Meſſieurs, que vous n'êtes pas plus curieux de mieux choiſir vos mots, que les faits.

» Le ſerment que l'Adminiſtrateur général vient de
» prêter & a fait prêter aux troupes, nous aſſure que
» la Province de l'Oueſt n'éprouvera plus d'oppreſſion,
» & les dépoſitaires du pouvoir exécutif ſe joindront
» aux Citoyens pour faire juſtice des *coupables* «.

Quelle belle phraſe ! Quel malheur de finir une pareille tirade par un mot vide de preuves.

» Le Sieur Wante ſe plaint beaucoup des qualifica-
» tions ; il ne devroit pas être ſi difficile «.

Aſſurément, Meſſieurs, vous me jugez d'après vous.

» Puiſqu'il ne peut diſconvenir des points princi-
» paux poſés par les motions, & auſſi de la ſageſſe
» des meſures priſes par l'Aſſemblée «.

Diſtingo : je ne conviens pas des points principaux des motions, il s'en faut de beaucoup ; je conviens de la ſageſſe des meſures priſes par l'Aſſemblée ſur le point dont il s'agiſſoit.

» Pour prévenir, ajoutez-vous, la *continuité* des dé-
» prédations «.

Continuité ſuppoſe un commencement, l'avez-vous prouvé ? L'avez-vous même rendu vraiſemblable ?

» Mais laiſſons les écrits du Sieur Wante, & ſuivons
» nos objets «.

Je vous admire, Meſſieurs, l'abandon où vous me

laissez n'est pas gauche. Au moment de la discussion vous lâchez prise & vous ne répondez rien aux argumens les plus pressans, à l'évidence des preuves produites & de celles que j'offre ; vous ne prenez même pas la peine de répondre à tout ce que je vous ai dit pour démontrer la nullité des dépôts que votre imagination a crée pour rendre M. de Marbois comptable d'une plus forte somme que celle qu'il accuse ; vous ne trouverez pas sans doute suffisant l'État que je vous ai donné pour constater l'existence des 1,200,000 l. annoncées par cet Administrateur. On voit que vous continuez à être foibles en moyens contre moi, difficiles sur les preuves en faveur de M. de Marbois, & faciles en présomptions contre lui.

Enfin, puisque vous laissez mes écrits, il faut bien que je laisse aussi le vôtre. Aussi bien ce qui en reste ne vaut pas mieux que ce qui précède. Ce sont vos conclusions bizarres & ridicules, & votre proposition de prononcer avec votre *modération ordinaire*, mais *provisoirement*, une condamnation de 600,000 liv. contre M. de Proisy, M. Deschamps, M. Bizouard, M. de la Mardelle & moi. A propos de ces conclusions, vous ne vous êtes pas bien expliqués ; est-ce seulement 600 mille liv. en tout, ou 600,000 liv. chacun? Expliquez-vous, car, en définitif, il n'en sera ni plus ni moins.

Vous demandez dans vos conclusions financières, que M. de Proisy soit tenu de rendre dans un mois le compte de l'année 1789.

Vous êtes bien malicieux, Messieurs les motionnaires ; vous voulez prendre M. de Proisy en défaut, car votre motion n'est pas datée, & rien n'indique le jour qui a vu naître cette charmante production, en sorte que personne ne sait quand le mois finira. Je vous préviens que je ne lui donne date que du moment où elle a été reçue au Port-au-Prince, c'est-à-dire du Mercredi 10 de ce mois.

Je vous soupçonne encore plus de finesse que vous n'en montrez. Vous avez livré au Public votre motion à la veille de l'Assemblée coloniale. Le moyen qu'elle ne fasse pas sensation ! Mais ma défense sera un peu plus répandue que votre attaque; & j'espère qu'elle servira au moins à faire connoître que vos calomnies sont dénuées de preuves; & tout ce qui n'est point prouvé ne fait aucune impression sur les gens sages. Prouvez donc, Messieurs, prouvez donc, ou taisez-vous. Si je vous donne ce conseil, ce n'est pas que je craigne de nouvelles attaques; j'ai peur seulement que le Public ne se lasse de voir combattre des chimères.

Savez-vous bien, Messieurs, que je vous plains? Vous avez dû prodigieusement travailler d'imagination. Je compare votre écrit à un poème où tout est fiction, mais fictions enchanteresses & dignes du Tasse. Lumières, idées, logique, précision, profondeur, voilà, Messieurs, ce que vous parieriez qu'on trouve dans votre brochure: sa jolie couverture verte nous en fait espérer d'autres; ne decevez pas un espoir aussi flatteur. La sagesse de vos mesures ! la modération dans vos projets! ah! la dépendance du Nord vous doit bien de la reconnoissance pour vos travaux! D'un trait lumineux vous lui faites recouvrer d'abord 600,000 liv. & puis beaucoup d'autres sommes; envoyez bien vîte vos motions en France; quand vos talens y seront connus, je vous le dis, vous y percerez, & vous direz comme *Géronte* de la *Mélomanie* : Je perce donc? Les finances du Royaume ont besoin d'un régénérateur: volez, Messieurs, sauvez la patrie, que votre génie ſublime s'exerce ſur un plus grand théâtre, enfantez des motions financières, cela garnit les caiſſes..... ou le fait eſpérer à ceux qui croient en vous.

Mais c'eſt aſſez, & reſpectons le lecteur. Je tiens la plume depuis quatre heures, & je ſuis fatigué; j'ai lu votre motion dans un moment de gaieté, & après avoir donné à ma juſtification le ton de décence & de vérité qu'elle devoit avoir, je me ſuis permis quelques plaiſanteries, ſans perdre de vue le fond de la queſtion; j'eſpère, Meſſieurs, que vous êtes d'aſſez bonne ſociété pour ne pas les prendre en mauvaiſe part; je ne me ſuis pas trouvé offenſé de vos injures, parceque la vérité ſeule offenſe. Vous avez dit des menſonges avec un air d'aigreur; je vous ai dit des vérités en badinant; vous m'avez dit des groſſièretés, je vous ai répondu des complimens; ſi quelqu'un a à ſe plaindre, ce n'eſt pas vous; mais je vous répète que ſi vous êtes encore tentés de faire des motions en finance, il faut bien vous munir de preuves, parcequ'auſſi long-temps que votre imagination ſeule enfantera, & qu'il ne s'agira que d'injures, je ne vous répondrai plus. J'ai bien lu votre écrit, & en l'analyſant, j'ai trouvé que, ſouſtraction faite des noms du Sieur de Marbois, répété à chaque ligne, du mien, que je trouve dix fois dans une page, de ceux des Sieurs de Proiſy, de la Mardelle & conſorts, il ne reſtoit pas une demi-feuille d'impreſſion; qu'en déduiſant encore de cette demi-feuille ces mots *fourbe*, *fripon*, *hypocrite*, *deſpote*, *impudent*, *exacteurs*, *évaſion*, *diſſipation*, *banqueroutier*, *fugitif*, & beaucoup d'autres gentilleſſes plus ſpirituelles les unes que les autres, votre écrit ſe réduiſoit à un quart de feuille; que ce quart de feuille bien diſſéqué, il ne reſtoit qu'un ſquelette informe. Avouez donc que je n'ai pas mal choiſi mon épigraphe, & que je puis dire, qu'après deux mois de travail, après avoir annoncé votre écrit comme une réponse foudroyante pour moi, vous répandez une série de mots étonnés de se trouver les uns auprès des autres. Vous ne signez rien; aucun de vous n'ose se nommer, lorsque je me montre à découvert. Vous vous exposez au sort que mérite tout anonyme méchant & calomniateur, c'est-à-dire, au silence & au plus profond mépris. Enfin, après bien du fracas & des menaces, la question reste dans l'état où vous l'avez posée il y a six mois.

Je puis donc vous dire avec Boileau:

> Que produira l'Auteur après tous ces grands cris?
> La montagne en travail enfante une souris.

Port-au-Prince, le 13 Février 1790.

Signé, WANTE.

EXTRAIT DES REGISTRES

DU CONSEIL D'ÉTAT.

SUR la requête présentée au Roi, étant en son Conseil, par Jean-François Torris & Charles-Étienne-Pierre Wante, Négocians-armateurs à Dunkerque, contenant: que les événemens imprévus qu'ils ont essuyés, les mettant dans l'impossibilité de faire honneur pour le moment à leurs engagemens, ils se trouvent dans la nécessité de réclamer la bienfaisance & la protection de Sa Majesté. L'époque des hostilités entre la France & l'Angleterre auroit été pour le Sieur Torris, l'un des supplians, le signal d'une ruine presque totale, sans le secours que Sa Majesté daigna lui accorder, parceque toute sa fortune alors entre les mains des Anglois, pouvoit être regardée comme perdue sans ressources. Une surséance de deux ans, qu'il obtint le 3 Juillet 1779, en le mettant à portée de reprendre ses travaux avec plus d'activité qu'auparavant, lui a fourni les moyens de se libérer totalement. Des armemens nombreux, mais plus brillans que fortunés, distinguèrent cet armateur pendant la guerre. En moins de deux ans, il acquitta pour cinq cent mille livres de dettes, sans néanmoins aucun recouvrement de ses créances immenses. Ce préalable qui formoit l'objet de tous ses travaux étant rempli, il crut devoir assurer son existence par l'acquisition de quelques portions de biens-fonds; ensuite s'étant associé avec le Sieur Wante, son beau-frère, autre suppliant, ils ont entrepris des armemens pour les colonies Françoises, & pour ces armemens ils ont employé de gros capitaux. Ils ont acquis une manufacture de fer-blanc, dans laquelle ils ont ajouté à grand frais le laminage des cuivres pour le doublage des vaisseaux, & les premiers ils ont offert au Gouvernement les prémices d'une fabrication presque ignorée en France jusqu'alors. La cessation des hostilités a mis un terme à une manipulation qui n'avoit plus d'objet, & a forcé de l'abandonner. Mais pour remplacer une branche de commerce qui s'anéantissoit par une autre au moins aussi avantageuse; les supplians ont cru devoir saisir la nouvelle carrière qu'offroit l'époque de la paix. Les armemens pour l'Amérique septentrionale leur ayant paru une nouvelle source de richesses ouverte à l'industrie, ils ont fait pour ce pays des armemens considérables, & les premiers du port de Dunkerque, ils ont fait flotter le pavillon François sur la Delaware. Les expéditions pour nos colonies n'avoient été entreprises que dans un moment où la paix ne pouvoit se présumer prochaine. Ils n'ont commencé l'exploitation de leur manufacture de cuivre bien avant que rien en annonçât le retour. La sagesse du Monarque en ayant décidé autrement, les supplians ont eu le malheur d'être les victimes d'un événement fait pour rétablir le b nheur & l'abondance. Cependant leurs armemens pour Philadelphie auroient rendu insensible pour eux, le coup que leur portoit la nouvelle subite de cet événement; mais la gêne qu'essuient tous ceux qui ont spéculé comme les supplians, la stagnation & l'engorgement des affaires, l'espèce d'anéantissement du crédit en général, la dispersion de leurs capitaux & l'impossibilité de les réunir assez promptement pour les employer à leur libération, mettent malgré eux les supplians dans la dure nécessité de suspendre le paiement de leurs engagemens, & ils auroient la douleur en voyant mettre le feu dans leurs affaires, de ne pouvoir concevoir l'espoir d'y faire honneur, tandis qu'il leur est très-facile de les remplir entièrement, sans même de nouveaux travaux, s'ils ont le temps & la tranquilité qui leur est nécessaire pour faire leurs recouvremens, & pour les faire tourner au paiement de leurs créanciers. Dans cette position fâcheuse, leur premier soin a été de présenter le tableau exact de leurs affaires à tous ceux de leurs créanciers qu'ils ont pu réunir; & ils ont eu la satisfaction de voir la majeure partie rendre hommage à leur bonne foi, à leur exactitude & à leur droiture, & s'empresser de se joindre à eux pour solliciter la grace qui est aujourd'hui indispensable pour la liquidation des affaires des supplians; ce consentement n'a été donné qu'après l'examen le plus scrupuleux de leur position, & des preuves qui la constatent. En effet il en résulte qu'en mettant à l'écart les créances immenses que le Sieur Torris a à recouvrer en Angleterre, & en ne comptant que sur l'actif réel que présentent les supplians, il leur est très-facile non-seulement d'acquitter tous leurs engagemens dans l'espace de deux ans, mais encore de conserver une existence très-honnête. Une pareille position est digne de toute la protection de Sa Majesté, ſur-tout lorſqu'elle a les preuves du zèle que ceux qui réclament mettent à remplir leurs engagemens, & de la néceſſité dont elle eſt tant pour les créanciers que pour le débiteur ; mais en ſollicitant une ſurſéance, les ſupplians ne prétendent en faire aucun uſage pour la ſolde des équipages des armemens en courſe, faits par le Sieur Torris, avant ſon aſſociation avec le Sieur Wante ; quoique les liquidations de ces armemens ne ſoient point encore arrêtées ; cette portion de dettes n'en eſt pas moins ſacrée pour le Sieur Torris, & il y ſatisfera exactement ſans remiſes ni délais, à ſur & meſure des liquidations. Les ſupplians oſent donc eſpérer que Sa Majeſté ne trouvera aucun obſtacle pour leur accorder une grace qui ne peut que garantir le paiement à leurs créanciers & l'exiſtence de Négocians qui, par leur zèle & leurs travaux, n'ont ceſſé de bien mériter auprès du Gouvernement, & vis-à-vis de leurs Concitoyens.

Requeroient a ces causes les ſupplians, qu'il plût à Sa Majeſté leurs accorder terme & délai de deux ans, pour l'acquit total de leur dettes ; faire défenſe pendant ledit temps à leurs créanciers d'attenter à leurs perſonnes & biens, de faire contr'eux aucunes pourſuites & procédures, à peine de nullité & caſſation, & de tous dépens, dommages & intérêts, de mettre à exécution aucuns arrêts, ſentences, jugemens ; de procéder par ſaiſie ou oppoſition, & d'exercer aucune contrainte ; leur faire pleine & entière main-levée de toutes oppoſition, ſaiſie-mobilière & ſaiſie-exécution ſur eux, faite ou à faire ; ordonner que nonobſtant icelles, tous fermiers, locataires, régisseurs, paieurs de rentes, débiteurs & dépositaires, seront tenus de payer & vuider leurs mains en celles des supplians, de toutes les sommes de deniers appartenantes aux supplians qui leur sont ou qui pourront leur être dues, à quoi faire ils seront contraints par toutes voies dues & raisonnables, quoi faisant, ils en demeureront bien & valablement déchargés; aux offres que font les supplians de ne faire aucun usage de la surséance qui leur sera accordée vis-à-vis des équipages, des armemens en course du Sieur Torris, & de paier leur solde à fur & mesure des liquidations qui seront faites, & ordonner que l'Arrêt à intervenir sera exécuté, nonobstant opposition ou autres empêchemens quelconques, pour lesquels ne sera différé. Vu ladite requête, signé Maussalé, Avocat des supplians, ensemble, l'Ordonnance du Sieur Intendant de Flandres, du premier Décembre 1781; qui constate le paiement par le Sieur Torris, de la totalité des dettes dont il étoit chargé à l'époque de l'Arrêt du Conseil, du 3 Juillet 1779, l'état certifié par les supplians de leur actif & passif, & le consentement de la majeure partie de leurs créanciers, à la surséance qu'ils sollicitent. OUI LE RAPPORT, SA MAJESTÉ *étant en son Conseil, a accordé & accorde aux supplians terme & délai d'un an pour l'acquit de leurs dettes.* Défend à leurs créanciers de procéder contre eux pendant ledit délai, soit par voie de contrainte par corps, soit par saisie de leurs revenus & effets mobiliers, soit par exécution desdits effets; soit enfin par vente de leurs immeubles, à peine de nullité & cassation de procédures, ainsi que de tous dépens, dommages & intérêts. Leur fait Sa Majesté, pleine & entière main-levée de toutes ſaiſies & oppoſitions qui auroient pu être faites, tant ſur leurs meubles que ſur leurs revenus, ou qui pourroient l'être pendant ledit délai ; les ſaiſies réelles des biens immeubles des ſupplians ; s'il y a été procédé, demeurant en leur entier. Ordonne qu'à payer & vuider leurs mains en celles des ſupplians, tous fermiers, locataires, débiteurs, tréſoriers, payeurs, receveurs, ſequeſtres & autres dépoſitaires ſeront contraints par toutes voies de droit ; quoi faiſant, ils ſeront bien & valablement quittes & déchargés des ſommes qu'ils leur auront délivrées. N'entend au ſurplus Sa Majeſté, ôter aux créanciers des ſupplians, la liberté de ſe pourvoir pendant ledit délai, par voie de ſaiſie réelle, comme auſſi de faire toutes les pourſuites & diligences qui ne tendroient qu'à l'établiſſement de leurs titres & hypothèques, & à la conſervation de leurs droits. N'entend pareillement Sa Majeſté que, ſous prétexte de la préſente ſurſéance, les ſupplians puiſſent différer, ſoit de paier la ſolde des équipages des bâtimens par eux armés en courſe, ſoit de délivrer aux équipaqes les parts qui pourroient leur appartenir dans les priſes faites par leſdits bâtimens. Veut que le préſent Arrêt ſoit exécuté nonobſtant toutes oppoſitions ou empêchement quelconques, pour leſquels ne ſera différé, & dont, ſi aucuns interviennent, Sa Majeſté ſe réſerve la connoiſſance à l'excluſion de tous Juges & Tribunaux. Fait au Conſeil d'État du Roi Sa Majeſté y étant, tenu à Verſailles, le 27 Décembre 1783. *Signé*, LE MARÉCHAL DE SÉGUR.

Suit la teneur de la pièce annexée.

LOUIS PAR LA GRACE DE DIEU, ROI DE FRANCE ET DE NAVARRE, à notre huiſſier ou ſergent, premier requis, nous te mandons & commandons par ces préſentes, ſignées de notre main, que l'Arrêt ci-attaché ſous le contre-ſcel de notre chancelerie, & cejourd'hui rendu en notre Conſeil d'État, Nous y étant, tu ſignifies à tous qu'il appartiendra, à ce qu'ils n'en prétendent cauſe d'ignorance, & faſſes, pour l'exécution d'icelui, tous exploits & actes requis & néceſſaires, ſans pour ce, demander autre congé ni permiſſion : *car tel eſt notre plaiſir.* DONNÉ à Verſailles, le vingt-ſeptième jour du mois de Décembre, l'an de grace mil ſept cent quatre-vingt-trois, & de notre règne, le dixième. *Signé*, LOUIS.

Plus bas eſt écrit : ſcellé le 31 Décembre 1783.

PAR LE ROI, LE MARÉCHAL DE SÉGUR.

FIN.

www.ingramcontent.com/pod-product-compliance
Ingram Content Group UK Ltd.
Pitfield, Milton Keynes, MK11 3LW, UK
UKHW020447230726
13925UKWH00004B/1835

9 782014 032673